Innerlich wertvoll leben

Eine neue Welt durch Menschlichkeit, Talent, Herz und Charakter

Benjamin Ziegler

wertupyourlife

Benjamin Ziegler, Zolliker Straße 153, 8008 Zürich

© 2022 Benjamin Ziegler

Lektorat & Korrektorat: Linda Eggert, Grasberg

Herstellung und Verlag: BoD – Books on Demand, Norderstedt

ISBN: 9783743189720

Erstauflage: September 2022

Bibliografische Information der Deutschen Nationalbibliothek: Die Deutsche Nationalbibliothek verzeichnet diese Publikation in der Deutschen Nationalbibliografie; detaillierte bibliografische Daten sind im Internet über dnb.dnb.de abrufbar.

Prolog

Über den Autor und das Buch

Inhalt

Prolog

1. Grundlagen zum inneren Aufstieg

1.1 Vom persönlichen zum unpersönlichen Leben

1.2 Öffne dein spirituelles Herz

1.3 Sage "Ja" zum Leben

2. Aus der Praxis hinein in das innere Fühlen

2.1 Beziehungen führen

2.2 Gedankenleid beheben

2.3 Übertriebene Verhaltensweisen ändern

2.4 Sorgen und Ängsten begegnen

2.5 Der innere Umgang mit Weltgeschehnissen

3. Der innere Aufstieg

3.1 Beherrsche deine Gedanken

3.2 Betrachte deinen Charakter

3.3 Menschen positiv begegnen und Leid abwenden

3.4 Werde lichtreich und schwinge

3.5 Baue Stabilität und Harmonie auf

3.6 Programmiere dich energetisch neu

3.7 Spare deine Energie

3.8 Baue weitsichtiges Verständnis auf

Zweiter Teil

Innere Werte, Herzlichkeit und gute Taten als neue Statussymbole

Inhalt

1. Der innere Status

1.1 Eine philosophische Denkaufgabe

1.2 Die Zukunft im Blick

1.3 Lösungsansätze für eine positive Welt

2. Ausblick in eine positive Welt

2.1 Gedankenreise

2.2 Das SEIN leben

2.3 Ruhe, Behaglichkeit und Energien

2.4   Innerer Reichtum

Denke daran...

Ausblick

Prolog

Die äußere Welt macht stets den Eindruck, als ob sie dich mit Informationen füttert, dich damit vollstopft und diese 'Fütterung' nie ein Ende findet. Und trotzdem macht dir diese Nahrung Freude – echte Freude, aber doch eigentlich nur für den Moment, oder? Du beginnst dich zu fragen, ob das alles ist. Warum das Weltliche so vergänglich ist und immer wieder etwas Neues dazu kommt, warum das Glück und der Erfolg nicht durch dich selbst entstehen kann. Gibt es nicht doch mehr als nur die materielle Welt und die Vergänglichkeit und wenn ja, wie und wo finde ich diese Freude? In mir selbst? Aus mir selbst heraus? In meinem Herzen? In meinen Zellen?

Doch wer möchte schon nach innen gehen, innerlich aufsteigen und das Weltliche loslassen? Die Welt und alles, was um dich herum geschieht, ist doch eigentlich spannend, interessant und hält immer wieder etwas Neues bereit.

Die innere Wertsteigerung kann also eigentlich vielleicht doch noch warten, oder? Haben wir als Menschen überhaupt die Fähigkeit dazu, innerlich aufzusteigen, inneres Wachstum zu erreichen und die Welt zu verändern? Ist das Leben nicht zu kurz dafür, denn schließlich muss sich jeder behaupten.

Warum solltest du dich also mit dir selber und deinem inneren Aufstieg beschäftigen?

Ganz kurz: Weil du es dir wert bist, dich und dein Inneres auf wahre, reine Weise kennenzulernen. Der physische Körper, alles Materielle und das Weltliche ist vergänglich und hat ein Ablaufdatum. Dein Selbst hingegen ist dazu fähig, ewig zu leben und ewig zu wirken. Dein innerer Mensch ist lichtreich, strahlt Positivität aus und regt Schwingungen an, die die Macht haben, die Welt zu verändern. Erkenne deine eigene Seins-Qualität und freue dich auf dein inneres, offenes und herzliches Sein.

Freude ist unabhängig von allem Weltlichen, wenn du dein inneres Selbst erkannt und erlebt hast. Du findest in dir drin die Ruhe, die du schon immer gesucht hast, die Gelassenheit, die du dir immer gewünscht hast. Du beginnst zu verstehen, worauf es wirklich ankommt: Es geht nicht um dein Auto in der Garage, es geht nicht um die Dinge der Welt, es geht nicht um das Leid in der Welt – es geht um dich und deine innere Seins-Qualität.

Ich wünsche dir viel Freude dabei, dein Selbst kennenzulernen und innerlich wertvoll zu werden.

„Das Entscheidende im Leben aber ist dein Herz und dein Charakter."

Benjamin Ziegler

Über den Autor und das Buch

Mein Name ist Benjamin Ziegler und seit mehreren Jahren befasse ich mich damit, wie Menschen wirken, wie Menschen agieren und wie Menschen ihren eigenen Wert erkennen und steigern. Als Coach und Philosoph für Humane Wertsteigerung ist es mein Ziel, dir dabei zu helfen, dein wertvolles Ich zu finden und es effizient im Alltag und Beruflichen einzusetzen.

„Wissen, Wagen, wollen, Selbsterkenntnis und sich nicht über andere stellen, den freien Willen respektieren, bescheiden sein und nicht prahlen mit seinem Lebensweg – darauf kommt es im Leben an."

Benjamin Ziegler

Nach tiefgreifenden Erlebnissen, Verlusten und Herausforderungen, denen ich mich bereits in jungen Jahren stellen musste, gebe ich meine Erfahrungen nun weiter und lehre andere Menschen darin, den inneren und äußeren Aufstieg zu entdecken und geschehen zu lassen.

Ich musste erst alles verlieren, um der zu sein, der ich heute bin. Du musst diesen Weg nicht gehen, sondern kannst direkt in deinem jetzigen Sein starten: Inneres Glück erreichen, innere Energie fließen lassen, ehrlich zu dir selbst sein. Selbsterkenntnis ist nämlich der erste Schritt zum eigenen, inneren Erfolg. Nur, wenn du wahrlich innerlich glücklich bist, kannst du dich dementsprechend vom äußeren Glück lossagen und Statussymbole wie die Rolex am Arm, ein Pferd im Stall oder ein Porsche in der Garage sind nur noch weltliche Schönheiten, die dein Inneres nach außen wirken lassen.

In meinem ersten veröffentlichten Buch („Ich mache dich wertvoller"; ISBN 978-3-7568-2165-5) ging es um die generelle Humane Wertsteigerung: Anhand von vielen Praxisbeispielen wurde festgestellt, wie der wertvolle Mensch es schafft, seinen Wert nach außen zu tragen, seine innere Stärke und Energie zu nutzen und wertvoll und somit erfolgreich zu werden?

Die innere und die äußere Sichtweise

Warum eine Differenzierung so wichtig ist

Die innere und äußere Wertsteigerung wirkt für dich vielleicht paradox: Soll ich mich jetzt nach innen oder nach außen orientieren? Was ist richtig, was hat mehr Nutzen für mich? Vielleicht vergleichst du es auch mit dem Unterschied zwischen Kopf- und Bauchentscheidungen.

Die Kunst bei der inneren und äußeren Wertsteigung ist jedoch, dass du beides beachten solltest: Dein Verstand, also dein Äußeres, ist dafür zuständig, Nahrung zu beschaffen und erfolgreich zu sein. Das Gefühl, also dein Inneres, ist hingegen dafür da, damit du dein Selbst und deine Seins-Qualität steigern kannst; damit du Liebe Ausdruck verleihen kannst, damit du der Welt Liebe geben kannst. Wichtig ist, dass du dich mit der Zeit vom Weltlichen entfernst und dich vermehrt nach innen richtest. Aber denke trotzdem daran: Das Äußere und das Innere bedingen sich. Der Verstand ist genauso wichtig wie das Gefühl. Beides gehört zusammen und kann nicht unabhängig voneinander agieren. Wenn du eins vernachlässigst, bleibt das andere zurück – und dir fehlt die Harmonie deiner Selbst. Und genau so ist es mit der inneren und der äußeren Wertsteigerung, mit deinem Inneren und Äußeren, mit deinem inneren Menschen und der Welt.

Weltliche Sichtweisen basieren in den meisten Fällen nämlich auf der äußeren Orientierung des Menschen: Er wirkt nach außen, ohne sein Inneres kennenzulernen und lichtreich zu sein, er agiert eher mit anderen Menschen, um sich nicht mit sich selbst zu beschäftigen, er verliert den Bezug zu seiner Seins-Qualität. Das alles führt dazu, dass wir als Menschen hochmütig und dominant werden, uns selbst im Weltlichen verlieren und eher grob und selbstherrlich durch die Welt gehen anstatt herzensgut und wertvoll für andere. Diese weltliche Sichtweise führt außerdem dazu, dass wir herzenskühl werden und unsere positiven Emotionen gegen Negativität austauschen. Diese Grobheit stellt sich vor allem im Umgang mit anderen Menschen und Tieren dar, aber richtet sich oft auch gegen uns selbst und unser Inneres.

Die innere Sichtweise, die sich auf unsere innere Kraft und unser inneres Licht, das zum Strahlen gebracht werden möchte, bezieht, bringt hingegen Herzlichkeit und Freundlichkeit und Offenheit in die Welt. Herzenswärme, Liebe, Harmonie und Respekt in allem, was wir tun: Darauf kommt es bei der inneren Sichtweise an und nur so ist es möglich, seinen Erfolg zu erreichen und ihn zu genießen.

Erfolg muss nicht erkämpft werden, sondern kann durch die Orientierung nach innen auch rein durch Talent und Fähigkeit erlangt werden. Wie das geht, erfährst du in diesem Buch.

Dieses Buch beschäftigt sich somit wesentlich mehr mit dem inneren Menschen: Mit Energiefluss, mit harmonischer Schwingung, mit innerer Positivität, mit Optimismus und mit innerer Stabilität. Du lernst, wie du dich selbst zum Strahlen bringst, wie du innere Harmonie und weitsichtiges Verständnis entwickelst und dich energetisch neu programmierst, um alle Herausforderungen mit Bravour und einer positiven Einstellung meisterst, die dir in deinem Leben begegnen.

Gehe auf eine Reise zu dir selbst und erlebe dich intensiv aus dem Inneren heraus. Wahrscheinlich ist dein Leben bereits jetzt geprägt von vielen Gedanken, die dir deine Energie rauben und dich in deinem inneren Glück negativ manipulieren. Vielleicht hast du Ängste, Sorgen und Probleme, mit denen du dich jeden Tag aufs Neue beschäftigen musst. Ist das nicht anstrengend? Ist die Welt um dich herum, alles, was auf der Welt geschieht, nicht anstrengend? Wie schön wäre es, wenn du dich davon lossagen könntest?

Dein spirituelles Herz wird in diesem Buch offenbart: Es zeigt dir, was dich wirklich ausmacht und dass du das Weltliche um dich herum nicht für deine Glückseligkeit benötigst. Du erfährst neue energetische Impulse und kannst das Glück in dir selbst finden und es nach außen hin wirken lassen.

Denn das, was wir im Inneren sind, strahlen wir nach

außen heraus. Umso wichtiger also, dass wir bereits im Inneren lichtreich werden, um es anschließend nach außen wirken zu lassen.

Durch ein Studium dieses Buches kannst du schneller und einfacher:

- deine innere Heimat finden
- sanfter und herzlicher werden
- eine Orientierung in dein Inneres erleben
- frei und unabhängig werden
- Harmonie fühlen und nach außen tragen
- Respekt anwenden
- lebensbejahend und optimistisch sein
- ausgeglichene Schwingungen entdecken
- lichtreich und energetisch in Pastellfarben durchs Leben gehen

- Wertschätzung erkennen

Beschäftige dich mit dir selber, lerne, entdecke dich neu und lasse dein Licht scheinen. Dein Geist, deine Seele und dein innerer Mensch werden reifen und den inneren Aufstieg erleben. Du und dein Umfeld haben es verdient, dein Strahlen kennenzulernen.

Die Wertsteigerungsübungen, die in diesem Buch enthalten sind, zielen darauf ab, dein Inneres zu stärken und um dich zu veredeln. Solltest du keine Zeit haben, die Übungen fokussiert durchzuführen, kannst du deine Veredelung und Optimierung deiner Seins-Qualität auch durch gute Taten, Sanftheit im Alltag und im Umgang mit anderen, Auto-Suggestionen und Herzlichkeit fördern.

Ich unterstütze dich gerne dabei!

Dein **Benjamin Ziegler**

Coach & Philosoph für Humane Wertsteigerung

GRUNDLAGEN ZUM INNEREN AUFSTIEG

1.1 Vom persönlichen zum unpersönlichen Leben

Direkt zu Beginn dieses Buches möchte ich dir eine Frage stellen:

Was war zuerst da – dein Name oder du?

Vermutlich hast du dich zuerst genannt, oder? Der erste Impuls ist meistens der Richtige, doch ist es nicht so, dass deine Eltern sich bereits vor deiner Geburt Gedanken über deinen Namen gemacht haben? Du warst zwar schon im Bauch deiner Mutter, doch deine wahre Existenz als Individuum begann erst bei deiner Geburt. Was war also wirklich zuerst da?

Dein Name sagt aus, was du bist, wer du bist und tatsächlich auch, wie du wahrgenommen werden möchtest. Du identifizierst dich mit deinem Namen: Er ist ein Teil deines Charakters, er spiegelt oft auch deine Persönlichkeit wieder und die Menschen um dich herum wissen, wer du bist, wenn über dich gesprochen wird. Du hältst dich vielleicht sogar für deinen Namen – aber sollte es nicht eigentlich andersrum sein? Solltest du nicht deinen Namen mit Persönlichkeit und Individualität füllen?

Ich führe gerne ein Beispiel an: Nehmen wir an, eine „Simone" geht einkaufen, geht zu Freunden und die Menschen als auch Simone selbst beginnen, sich mit diesem Namen zu identifizieren. Simone ist diejenige, die etwas erlebt, die einen Charakter hat, die vielleicht auch Kritiker hat. Wenn der Name „Simone" fällt, verbinden die Menschen damit direkt spezielle Eigenschaften und das, was sie in Simone sehen.

Was wäre aber, wenn Simone plötzlich nicht mehr als Simone angesprochen, angesehen werden möchte? Wenn sie ihren Namen in „Michaela" ändert? Was passiert in den Köpfen der Menschen und was bleibt von der eigentlichen Simone eigentlich zurück? Richtig – ihr innerer Charakter. Denn egal, wie du heißt: Wichtig ist, wie dein innerer Mensch nach außen strahlt und auf andere Menschen wirkt.

Durch einen neuen Namen kannst auch du neue Frische und neue Energie in dein Leben bringen. Ein neuer Name kann sofort ein neues Ich bringen und dein Potenzial entfalten, denn schließlich ist es wie ein Neuanfang – und somit lässt du die Vergangenheit einfach hinter dich. Der Name ist – wie sagt man so schön – Schall und Rauch. Wichtig ist, was sich dahinter, darunter verbirgt.

Mit dieser Erkenntnis, dass ein Name nur eine Illusion ist und nichts mit uns als Individuum zu tun hat, tauchen wir in die Tiefen des inneren Glückes ein: Du erkennst, dass das Persönliche, das was du zu sein scheinst, nur eine Hülle ist, die ersetzt werden kann. Deshalb ist es unabdingbar, dass du dich vom Persönlichen löst und das Unpersönliche kennenlernst. Dies ist der erste Schritt in dein Inneres.

Die wahre Freude entsteht stets im Inneren. Wer mit sich im Reinen ist, benötigt keine Hülle mehr, sondern strahlt aus dem Inneren heraus und lässt sein Inneres wirken. Dieses positive innere Fühlen ist es, was du erreichen möchtest, denn nur dann kannst du dich vom Persönlichen lossagen. Durch diese Denkanstöße reift dein Geist, deine Seele wächst – doch nur die praktische Erfahrung, die praktische Umsetzung ist das, was es benötigt, um sich von dem Weltlichen zu lösen und in sich mit viel Positivität zu ruhen.

Wertsteigerung geht immer mit der inneren Energie einher. Das seelisch-geistige Wesen in jedem von uns strebt auf natürliche Weise nach Erfolg, nach Wertschätzung und nach innerer Energie. Viele Menschen haben verlernt, sich diesem inneren Gefühl, diesem inneren Ehrgeiz hinzugeben, da sie durch weltliche Veränderungen und Herausforderungen beeinflusst und manipuliert werden. Der Weg des Inneren nach Erfolg ist demnach der wahre Weg, um aufzusteigen und Wachstum anzustreben. Freude, Glück und Seligkeit aus dem Inneren heraus: Sei also stets ehrlich zu dir und beginne, die Welt mit deinem inneren Auge zu sehen. Das wird nicht nur dir selbst als Mensch, als Individuum helfen, sondern auch dein Business zum Erfolg führen, deine Partnerschaft auf ein neues Level heben oder dir mehr Sympathien bringen.

„So wie tagsüber die Sterne verborgen sind und dennoch leuchten; so wie sie Menschen in der Nacht Orientierung bieten: So soll es auch mit deiner inneren Wertsteigerung sein."

Benjamin Ziegler

1.2 Das spirituelle Herz öffnen

Das spirituelle Herz: Das, was in deiner Brust schlägt und dich mit jedem Donnern am Leben hält, ist nicht dein spirituelles Herz. Dein spirituelles Herz ist das, was dein Inneres ausmacht. Es lässt dich feinfühlig werden, es macht dich sensibel, es unterstützt dein inneres Fühlen und Denken. Im Grunde ist dein spirituelles Herz das, was du zum Strahlen bringen möchtest und für deinen persönlichen, inneren Aufstieg verantwortlich ist.

Fühle einmal in dich hinein und spüre, ob du dein spirituelles Herz tief in dir drin spüren kannst. Wo befindet es sich? Schläft es oder ist es wach? Versteckt es sich vielleicht oder traut es sich nicht, sich zu zeigen?

Viele Menschen haben den Bezug zu ihrem spirituellen Herzen durch alles Weltliche und die alltäglichen Herausforderungen verloren. Sie funktionieren einfach nur und lassen sich durch ihr biologisches Herz leiten – wie seelenlose Maschinen, immer wieder und wieder funktionell, aber eben nicht selbst-erlebend und ohne Seins-Qualität.

„Achte bei der inneren Wertsteigerung auf diese drei Dinge: Ruhe bzw. Harmonie, Behaglichkeit, Energie."

Benjamin Ziegler

Wenn du dein spirituelles Herz noch nicht fühlen oder erkennen kannst, ist das nicht schlimm: Deine Gedanken blockieren den Weg zu ihm, dein Hochmut oder dein Stolz beeinflussen deine Wahrnehmung noch. Dementsprechend ist es wichtig, dass du dir die Zeit nimmst, dein spirituelles Herz langsam kennenzulernen und an deinem Charakter zu arbeiten. Die innere Optimierung benötigt Geduld, Disziplin und Ausdauer – und all' die Negativität, die sich noch in dir befindet und den Weg zu deinem spirituellen Herz versperrt, wird nach und nach durch Positivität und Energie ersetzt.

Mir ist während meiner Tätigkeit als Coach oft aufgefallen, dass viele Menschen vorerst ein Problem damit haben, sich von der Negativität zu lösen. Wie sollte es auch anders sein – sie sind an Negatives in ihrem Leben gewöhnt und trauen sich nicht, aus der Komfortzone auszubrechen und Neues zuzulassen, was ihnen den inneren Aufstieg bringt. Es ist also wichtig, dass du stets an dir arbeitest und dran bleibst: Zielstrebigkeit und das Wissen, wofür du die Negativität beiseite legst, sind die wichtigsten Attribute, die du für das innere Fühlen benötigst.

Die Bewusstseinserweiterung stellt sich bei einer ausreichenden Ausdauer dann tatsächlich auch schnell ein. Auch dein Unterbewusstsein profitiert von deinem Ehrgeiz. Je mehr weltliche Hindernisse und Blockaden du loslässt und je mehr Steine du in dir beiseite schiebst, um zu deinem spirituellen Herz zu gelangen, desto eher erreichst du inneres Wachstum und somit Erfolg, Harmonie, Frieden und Ausgeglichenheit.

1.3 Das aufbauende und lebensbejahende Prinzip

Die innere Wertsteigerung basiert auf dem Prinzip der Positivität: Sage „JA!" zum Leben, zu all' seinen Herausforderungen und nimm' sie gelassen und in Harmonie an. Wichtig ist schließlich nur, was du daraus machst. Dein Inneres besteht fortlaufend aus Sanftheit, Herzlichkeit und innerer Demut. Eine positive Lebensführung, Vernunft und Freude bauen dich immer wieder neu auf und lassen dein inneres Strahlen. Besonders im Miteinander mit anderen Menschen ist es dementsprechend wichtig, dass du stets positiv bist und in dich hineinfühlst, wie es dir in der Gesellschaft bzw. Gemeinschaft mit anderen Menschen geht. Spürst du, wie dich deine innere Strahlkraft im Beisein von bestimmten Menschen verlässt, sind sie nicht gut für dich und dein Tun. Sage „JA!" zum Leben – und zwar zu den positiven Dingen und lerne, die negativen Dinge durch Positivität auszutauschen.

„Sei der Leuchtturm deines Selbst in dieser Welt."

Benjamin Ziegler

2. AUS DER PRAXIS HINEIN IN DAS INNERE FÜHLEN

2.1 Beziehungen

Die Wertsteigerung in Bezug auf Beziehungen, insbesondere mit einem Partner, dem Liebe geschenkt wird, basiert auf vier wesentlichen Aspekten:

> Ehrlichkeit

> Treue

> Ehrgefühl

> Demut

Nur, wenn diese vier Attribute die Beziehung tragen

und ausmachen, ist eine glückliche und harmonische Beziehung miteinander möglich, die schließlich auch gemeinsam inneres Wachstum anstreben kann. Alle drei Aspekte bedingen sich außerdem: Ehrlichkeit kann nicht existieren, wenn das Vertrauen und der Respekt gegenüber dem Partner fehlt.

Wenn nur eines der Merkmale einer harmonischen Beziehung gestört sind, blockiert sich die Beziehung zueinander automatisch: In der Humanen Wertsteigerung hat Beziehung viel mit Kompromissen und Veränderungen zu tun. Ist ein Partner nicht gewillt, sich auf etwas Neues, was sich der andere Partner wünscht, einzulassen, ist die Harmonie gestört und die innere Veredlung kann nicht mehr stattfinden. Diese Disharmonie wird im Laufe der Zeit wachsen und Unmut zwischen den Partnern erzeugen, sodass es oft zu einer Trennung kommt. Die Negativität hat dementsprechend ihr Soll erfüllt.

Besonders die innere Demut ist in diesem Zusammenhang und aus Sicht der Wertsteigerung ein essentieller Pfeiler in Beziehungen: die innere Demut verhindert, dass wir uns über andere stellen und geht einher mit dem Respekt vor anderen. Die innere Demut darf dementsprechend nicht mit „Dienen" oder „Unterwerfung" verwechselt werden, im Gegenteil: Durch die innere Demut, die wir in uns tragen, ist es uns erst möglich, Liebe auf Augenhöhe zu geben. Genauso sollte auch dein Partner innere Demut walten lassen und sich nicht über dich stellen, da dieses „Überstellen" direkt für negative, ungleiche Schwingungen sorgt.

In der Humanen Wertsteigerung ist es also wie oben erwähnt wichtig, dass die Beziehung auf Augenhöhe stattfindet. Damit meine ich natürlich nicht die Größe, sondern dieselbe Ebene im Inneren: Für eine Harmonie sind gleichmäßige Schwingungen auf einer Frequenz innerhalb eines jeden Partners als auch in der Beziehung selbst essentiell, damit die Beziehung als auch jeder Partner für sich innerlich reifen kann. Nur, wenn diese Schwingung harmonisch ausbalanciert ist, haben die Partner eine gemeinsame Lebenseinstellung und können die innere Positivität zulassen und miteinander leben.

Es gibt verschiedene Gründe, warum der Mensch eine Beziehung eingeht: Aus Liebe, aus Kostengründen, aufgrund von Einsamkeit. Das Problem: Sobald das Bedürfnis befriedigt ist, verringert sich das Interesse oder der Partner zeigt sein wahres Gesicht und somit auch vermehrt die schlechten charakterlichen Seiten. Die Treue wird vernachlässigt oder das Ehrgefühl wird minimiert, sodass der Partner keine Wertschätzung mehr erfährt. Die eigentliche Liebe, die in einer Beziehung vorherrschen sollte und die Beziehung als Fundament allen Handelns tragen sollte, verringert sich und wird in den Hintergrund gestellt: Die Beziehung kann nicht mehr genossen werden, die Harmonie geht verloren und die Schwingungen werden zu einem riesigen Chaos.

Besonders für denjenigen Teil der Beziehung, der innerlich aufsteigen möchte, ist diese Entwicklung meist tragisch. Sein inneres Herz, das sich geöffnet hat für die Liebe, wurde enttäuscht und erkennt, dass ein innerer Aufstieg und das innere Fühlen blockiert wird. Die innere Stabilität wird erschüttert.

Aus Sicht der Humanen Wertsteigerung hat jede Beziehung ein Ablaufdatum, wenn nicht an der Beziehung selbst gearbeitet wird. Es ist somit nicht ratsam, langfristige Liebes-Beziehungen einzugehen, da sich in den meisten Fällen ein Partner durch die Bedürfnis- und Interessensbefriedigung schnell vom anderen Partner auf seelisch-emotionaler Ebene entfernt und die oben genannte Disharmonie entsteht.

Der spirituelle Mensch, der nach innerem Aufstieg und innerem Fühlen und Optimismus strebt, wird durch diese Dramatik um ihn herum in seinem Tun und seiner Seins-Qualität gebremst. Die geistige Erhabenheit wird durch die ganze Negativität und den Stress beeinflusst und es kann im schlimmsten Fall auch die Psyche so sehr belasten, dass auch die Psyche Störungen davon trägt.

Dementsprechend ist es wichtig, langfristige Beziehungen erst einzugehen, wenn ihr euch „auf derselben Wellenlänge" befindet. Nur dann könnt ihr euch gegenseitig fordern und fördern, euch und eure Beziehung wachsen lassen und die Beziehung fundamental auf Treue, Ehrlichkeit und Ehrgefühl aufbauen.

Mir hat ein Kunde einmal erzählt, dass er sich morgens oft ausgelaugt fühlt, träge ist und seine Energie gar nicht richtig nutzen kann. Je mehr wir miteinander über seine Partnerschaft gesprochen haben, desto mehr wurde mir als auch ihm bewusst, dass seine Partnerin ihm die Energie raubte – und zwar nachts, während beide ruhig nebeneinander schliefen. Die Schwingungen zwischen den beiden Partnern kollidierten – und besonders, wenn sie nachts zur Ruhe kamen, dominierten die Schwingungen seiner Partnerin und entzogen ihm seine innere Stärke. Besonders für Herzensmenschen ist diese Erkenntnis schwierig, denn sie müssen sich eingestehen, dass sie eben nicht auf einer „Wellenlänge" mit ihrem Partner sind.

Manchmal stellen sich diese negativen Schwingungen bzw. ungleichen Schwingungen auch erst nach der Heirat ein – und trotzdem wäre dann eine Trennung angebracht, anstatt in Negativität zu leben und sich in seinem inneren Wachstum blockieren zu lassen.

Bei über acht Milliarden Menschen auf der Welt gibt es dieselben Schwingungen – und durch dein positives inneres Fühlen wirst du merken, wann du den richtigen Partner an deiner Seite gefunden hast. Ganz bestimmt.

2.2 Gedankenleid beheben

Gedanken lassen sich stets beherrschen. Sie kommen auf dich zu, du öffnest ihnen deine persönliche Tür nach innen und sie nehmen in deinem Kopf und in dem Tun Platz und machen es sich zuweilen auch mal richtig gemütlich. Du nimmst sie wahr und hast sie bisher vermutlich einfach so hingenommen – oft ist es jedoch dabei so, dass die negativen Gedanken die Vorherrschaft haben und unser Leben und unser Schaffen so sehr manipulieren, dass wir blockiert sind und nicht frei und unabhängig agieren. Negative Gedanken, Ängste, Sorgen: Das alles sind Aspekte, die uns seelisches Leid und Herzensleid zufügen.

Durch inneres positives Fühlen kannst du diese negativen Gedanken durch Positivität ersetzen und austauschen. Beobachte deine Gedanken und setze dich gezielt mit ihnen auseinander. Nimm' dir die Zeit, um innere Ruhe zu finden. Allein diese Beobachtung wird dir schon mehr Ruhe bringen. Gerade negative Gedanken versuchen stets, nach außen zu wirken.

„Es gibt manche Menschen, die wissen gar nicht. dass sie ihren Wert durch beruflichen oder privaten Erfolg steigern."

Benjamin Ziegler

Drehe den Spieß doch einfach mal um – lasse die Gedanken hinein, aber beherrsche sie selbst von Beginn an. Konzentriere dich dann nicht auf die Gedanken selbst, sondern frage dich, warum sie dich treffen und es sich bei dir bequem machen und woher diese negativen Gedanken überhaupt kommen. Dies ist der einfachste Weg, um sich vom Gedankenleid und von Sorgen zu entfernen oder sie in positive Gedanken, in Motivation, in Energie umzuwandeln. Gerade in schwierigen Situationen, bspw. bei einer Trennung oder bei einem menschlichen Verlust, fällt es uns besonders schwer, nach innen zu fühlen. Doch gerade in diesen

Momenten benötigen wir diese innere Ruhe für uns, um Ordnung in unsere Gedankenwelt zu bringen.

Durch die richtige Atemtechnik gelangst du auch in schwierigen, schlimmen oder emotional aufgeladenen Situationen in die innere Stille. Nimm' den Moment zwischen dem Ein- und Ausatmen bewusst wahr und lasse alle negativen Gedanken in diesem kurzen Moment der Stille, des Nichts-Tuns hinaus aus deinem Kopf. Es ist anfangs schwierig und du musst dich und dein spirituelles Herz dafür öffnen, aber wenn du die innere Ruhe einmal erlebt hast, wird es dir immer leichter fallen, sie für die Wiederherstellung deiner inneren Ordnung anzuwenden. Das innere positive Fühlen verleiht dir neuen Mut, neue Kraft und neue innere Stärke – und zwar mit jedem Mal, mit jedem Moment der Stille zwischen dem Ein- und Ausatmen aufs Neue.

2.3 Übertriebene Verhaltensweisen ändern

Übertriebene oder zu ausschweifende Verhaltensweisen können schnell dazu führen, dass du dich selbst einengst – besonders beim Essen, beim Sport oder generell im Alltag neigen wir als Menschen dazu, immer mehr zu wollen als andere haben oder immer mehr zu tun. Dieser Leistungsdruck bringt dich jedoch aus deinem inneren Gleichgewicht und die Schwingungen ändern sich ins Negative. Das Übertriebene manipuliert dementsprechend auch unseren Geist und unseren inneren Menschen immens. Damit einhergehend kommt es auch oft vor, dass wir uns über andere stellen und den Respekt vor den Leistungen der anderen in unserem Umfeld verlieren.

Agieren wir also wie oben beschrieben, verhalten wir uns entgegen des Demut-Prinzips der Wertsteigerung.

Sobald wir uns übertrieben verhalten oder uns über andere stellen, benehmen wir uns nicht mehr demütig und blockieren unsere innere Entwicklung. Bescheidenheit und das Innere sollten in jeder Situation im Fokus stehen. Eigne dir also eine innere Haltung an, die diese Demut automatisch einschließt, um übertriebenen Verhaltensweisen nicht zuzulassen.

Konzentriere dich also auf dich, auf dein Selbst und auf deine innere und äußere Entwicklung. Nur, wenn du dich vom Übertriebenen löst, kannst du auch ausreichend innere Kräfte mobilisieren, die dir bei deinem inneren Aufstieg helfen. Spürst du ab und zu noch, dass dich das Weltliche und das „Mehr" anzieht, dann frage dich als erstes, warum:

- Warum möchte ich mich noch über andere stellen?

- Warum traue ich mich nicht, mich vom Weltlichen und vom Leistungsdruck zu lösen?

- Warum richte ich meine Kraft und meine Aufmerksamkeit noch nach außen und nicht nach innen?

Wenn du dich zu sehr nach außen orientierst, kannst du deinen Veredelungsweg nicht genießen und hast vielleicht irgendwann keine Motivation mehr, dich mit deinem inneren Selbst zu beschäftigen, da du die Entwicklung nicht wirklich spüren kannst bzw. sie nicht wahrnimmst.

Alles Weltliche lenkt dich von dich selber ab: Das kann dein Beruf sein, deine Gedanken, das Weltgeschehen. Sei also immer konzentriert, denn es geht um DICH und dein INNERES SELBST und deine SEINS-Qualität, die du verbessern möchtest, um wertvoll zu werden.

„Je weniger du anderen zeigst, dass du innerlich an dir arbeitest. desto besser ist es für deinen Aufstieg. Denn du machst es für dich."

Benjamin Ziegler

In Bezug auf den Beruf engt selbstgemachter Leistungsdruck oder Gewinnorientierung zum Beispiel sehr ein. Dieses Verhalten macht dich vermutlich in höheren Kreisen sehr beliebt, doch trotzdem macht es dich auch unflexibel und unbeweglich, sodass deine inneren Schwingungen und deine innere Energie nicht mehr dynamisch agieren können. Auch aufgesetzte Verhaltensweisen richten sich gegen das Demut-Prinzip und negieren unsere deine Authentizität.

Versuche also immer, die sogenannte goldene Mitte zu finden: Stelle dir dein Inneres wie eine Waage vor. Ist auf einer Seite mehr Gewicht, mehr Anteil vorhanden, drückt es diese Seite herunter und bleibt starr. Auch die andere Seite wird unflexibel. Lebst du in Harmonie und ohne übertriebene Verhaltensweisen, können beide Waagschalen schwingen und sich ausgleichen. Wenn du nicht an der Authentizität deines inneren Selbst arbeitest, vergeudest du viel Energie, denn das Weltliche um dich herum versucht stets, Aufmerksamkeit zu erlangen. Sei also wachsam und spüre, wann es Zeit ist, dich wieder auf dein Inneres zu konzentrieren und deine ausgeglichene Harmonie wieder herzustellen.

„Großzügig statt aufgesetzt, verständnisvoll statt übertrieben."

Benjamin Ziegler

Bitte denke nicht, dass du nicht nach weltlichem Erfolg streben darfst. Wenn er dir und deinem Inneren gut tut, dann hast du alle Möglichkeiten der Welt, deinen inneren Erfolg auch nach außen wirken zu lassen. Es kommt immer auf deine innere Haltung an: Bist du eher nach außen orientiert oder nach innen?

Ob Oberschicht, Mittelschicht oder auch Unterschicht: Übertriebene Verhaltensweisen sind in jeder gesellschaftlichen Ebene zu finden – und das ist auch okay so. Bei meinem Studium der Menschen und ihres Verhaltens ist mir eines bewusst geworden: Manche Menschen sind eher nach innen orientiert, andere

Menschen richten ihre Konzentration eher nach außen. Trotzdem schaffen es die Menschen, immer wieder eine Harmonie zwischen ihrem inneren Selbst und dem äußeren Anspruch zu finden, sodass die Schwingungen und der Energiefluss ausgeglichen bleibt – denn darauf kommt es am Ende an.

Gerade bei Menschen, die in der Öffentlichkeit präsent sind, passiert es schnell, dass sie den Bezug zu ihrem inneren Selbst und ihrer Seins-Qualität verlieren und sich zu sehr nach außen richtigen. Sie lassen ihr eigentliches Wesen außer Acht und lassen sich durch den weltlichen Leistungsdruck und den weltlichen Anforderungen negativ beeinflussen. Die Problematik: Der Mensch nimmt sich selbst zu wichtig und verliert sich gleichzeitig darin, für andere Ansprüche zu leben und zu agieren.

Im Kapitel: Vom persönlichen zum unpersönlichen Leben habe ich diese Thematik bereits angesprochen. Der Mensch neigt dazu, sich über andere zu stellen, weil er seine innere Kraft und Gelassenheit noch nicht entdeckt und erlebt hat. Er schiebt sich selbst in den Vordergrund und erwartet von anderen, dass sie ihn genauso in den Mittelpunkt stellen wie er sich selbst.

In der Wertsteigerung möchten wir das Gegenteil erreichen: Wir wollen uns nicht so in den Vordergrund stellen, weil wir diese Anerkennung nicht benötigen – schließlich lebst du durch dein inneres Selbst heraus und bist zufrieden mit dem, was du bist und wie du wirkst. Finde Orte, an denen du zur Ruhe kommen und dein Inneres wiederfinden kannst. Orte, wo du du selbst sein kannst und deine Seins-Qualität für dich selbst genießen kannst.

Der innere Aufstieg hat nur mit deiner inneren Energie, deiner inneren Kraft und deinem inneren Selbst zu tun – und nicht mit dem Weltlichen oder mit anderen Menschen.

2.4 Sorgen und Ängsten begegnen

Es ist auf dieser Welt fast schon normal, Angst zu haben und sich Sorgen zu machen. Immer wieder werden wir mit Leid konfrontiert, mit Schmerzen, mit Seelenunheil und Herzenskälte. Auch ich musste durch harte Zeiten gehen, um der zu werden, der ich inzwischen bin und auch ich habe starkes, innerliches Leid erfahren, das mich sehr geprägt hat.

Muss nicht jeder von uns durch dieses Leid irgendwie hindurch und es im Laufe seines Lebens überstehen?

Ich denke schon – umso wichtiger ist es also, diesem Leid und diesen Sorgen auf die richtige Art und Weise zu begegnen.

„Je stärker das Leid wird, umso mehr müssen wir uns auf unser Selbst, auf unser Inneres, konzentrieren und positives Inneres fühlen fokussieren."

Benjamin Ziegler

Um positiv innerlich zu fühlen, nutzen wir unsere Sinne und unsere Erkenntnisse: Beziehungen können zu Leid führen, Weltliches und Materialien führen zu Leid. Urlaubsorte, Zigaretten, Alkohol und die Bindung an Personen oder auch an Tieren fördert Ängste und Sorgen. Auch Erwartungen und Ansprüche enden oft in Enttäuschungen – warum? Weil das alles Weltlich ist und von außen auf uns einprasselt wie harter

Hagel, der an unserem Körper Schmerzen verursacht.

Du fragst dich jetzt sicher etwas:

Wenn ich mich von alldem, was mir eigentlich Freude macht, lösen muss – habe ich denn dann überhaupt noch Spaß?

Aber natürlich, keine Sorge. In der Wertsteigerung erlebst du die wahre Freude durch dein Inneres, durch dein Selbst, durch deine Seins-Qualität. Die Freude in deinem Inneren ist nicht durch weltliche Freude ersetzbar. Außerdem ist die weltliche Freude stets vergänglich, während die wahre, innere Freude aus dir selbst heraus kommt und ewig bleibt. Dass du dich von der äußeren Freude lösen sollst, bedeutet nicht, dass du auf weltlichen Spaß verzichten sollst, aber: Du kannst die weltlichen Dinge mehr genießen, wenn du von innen heraus eine eigene Motivation entwickelst, Freude zu empfinden und sie von innen heraus zu spüren. Das Innere und Äußere ergänzt sich in diesem Fall sehr gut, aber denke daran: Das Weltliche, das Materielle ist vergänglich, Dinge und Menschen kommen und gehen und das macht traurig und frustriert.

Ich habe dieses Leid selbst erfahren und sage dir, dass ich dich davor schützen möchte, selbst durch dieses Leid gehen zu müssen. Du kannst JETZT sofort damit beginnen, wahre innere Freude zu entwickeln und dich vom weltlichen Genuss zu lösen – für mehr Wohlbefinden, für mehr Lebensfreude, für ein lebensbejahendes Leben.

Frage dich doch einfach mal, wenn du das nächste Mal Ängste oder Sorgen hast oder dir Leid zugefügt wurde, was die Ursache ist, warum du so reagierst, wie du reagierst und ob es vielleicht an deiner starken Bindung zum weltlichen Äußeren liegt. Die Antworten werden dich innerlich wieder voranbringen und vielleicht fällt es dir dann leichter, Abstand zum Materiellen, zu Dingen und auch zu Menschen zu gewinnen, die nicht dieselben Schwingungen wie du haben. Vielleicht ist es auch Gewohnheit oder ein Leidenszustand, der für dich normal geworden ist. Gerade Beziehungen fördern negative Bindungsenergien, zu denen wir innerlich eigentlich Abstand gewinnen wollen, um uns vom weltlichen Leid und diesen negativen Energien zu lösen.

Weltliche Freuden, Ansprüche und Erwartungen werden auch dich früher oder später verletzen, dich enttäuschen oder auch zu Frust führen und im Laufe des inneren Veredelungsweges deines Selbst wirst du feststellen, dass dieses Leid nicht mehr zu dir passt und dass es dir innere Kraft raubt.

Vielleicht machst du relativ schnell die Erfahrung, dass du innerlich glücklicher wirst, wenn du das Äußere, das Weltliche loslässt. Das Ziel ist es, dass du eine zarte, innere Energie spürst, die die Kraft hat, alles Negative ins Positive zu wandeln. An diesem Punkt erkennst du, was es heißt, wirklich glücklich und erfolgreich zu sein, denn du bist nicht mehr von weltlicher Freude abhängig.

Wenn du vorher die weltliche Freude im Außen gesucht hast, wirst du jetzt feststellen, dass du das Äußere, das Materielle nicht mehr benötigst, um Glück zu erfahren – denn du beziehst dein Sein mit ein und strahlst von innen heraus Freude aus. Wenn du diese weltliche Freude hinter dir gelassen hast, bist du auf dem besten Wege, in dir selbst eine Heimat zu finden, die deinem wahren Ich vollständig entspricht.

Frage dich dann, welche Freude du lieber spüren möchtest: Die, die durch Vergängliches entsteht oder die, die in deinem Inneren entstanden ist und die du aus deinem Selbst heraus spürst? Ist es nicht anstrengend, immer darauf zu warten, dass das Glück und die Freude von außen zu dir kommt, wenn du aus dir selbst heraus Freude entwickeln kannst?

Aus dieser äußeren Freude resultieren, wie oben erwähnt, nicht nur Leid und Schmerzen, sondern auch Süchte, die von deiner Seele gespeichert werden. Du benötigst also immer wieder neuen Nachschub und kommst nicht mehr richtig zur Ruhe – im Gegenteil: Du wirst süchtig nach Weltlichem und verstärkst dein Leid dadurch immer wieder, sodass das Weltliche automatisch vermeidet, dass du dich mit dir selbst und deinem Inneren beschäftigen kannst – wie fremdgesteuert. Und das kann nicht dein Ziel als freies, unabhängiges und wertvolles Wesen sein, dass mit sich selbst, seinem Inneren und seinem äußeren Umfeld im Einklang und in Harmonie ist.

2.5 Der innere Umgang mit Weltgeschehnissen

Krieg, Geldmangel, Lebensmittelmangel. Angst, Sorgen, Panik, Unruhe. Kommt dir das bekannt vor? Immer wieder erreichen uns schlimme Nachrichten, die unser aller Leben betreffen. Es lässt sich eigentlich nicht vermeiden, sich davon zu befreien. Jetzt gebe ich dir einige wichtige Ratschläge mit auf den Weg, wie du Panik oder Ängste minimieren kannst, wenn das Weltliche versucht, dich negativ zu beeinflussen – du bist wichtig und hast es nicht verdient, davon innerlich beeinflusst oder eingenommen zu werden.

Konzentriere dich auf deine Tagesenergie. Erhöhe deine positiven Schwingungen an jedem neuen Tag bewusst und verweile ganz bewusst in deinem Selbst. Verschwende deine Energie an diesen Tagen nicht mit unnötigen Gesprächen oder vielen Unternehmungen. Umgebe dich mit positiven Elementen – mit dir selbst, mit deinem Inneren, mit ruhigen Orten, an denen du zu deinem Selbst finden kannst. Erhole dich ganz bewusst und tanke – im wahrsten Sinne – Energie durch deine Atmung, durch innere Ruhe, durch Gelassenheit und durch Einklang. Dadurch baust du ein inneres energetisches Schutzschild aus Energie und Positivität auf, das dich vor negativen Nachrichten oder Weltgeschehnissen schützt. Du wirst immun dagegen und kannst dein Inneres weiterhin genießen.

Achte stets darauf, nur gute Lebensmittel zu dir zu nehmen: Sobald du das Gefühl hast, dass du durch ein Lebensmittel träge oder müde wirst oder es dir Energie raubt, lasse es weg. Trinke ausreichend sauberes Wasser und nimm' Lebensmittel zu dir, mit denen du vitaler und gesünder wirst. Baue dir einen kleinen Vorrat dieser Lebensmittel auf – ideal ist eine Sammlung, die für bis zu vier Wochen ausreicht. Habe genug Kleidung für warme als auch sehr kalte Tage vorbereitet, in der du dich wohl und frei fühlst. Nutze Mineralien, Vitamine und Spurenelemente, um dir selbst physische Energie zuzuführen. Denke auch an einen Wasserfilter oder Wasserkocher und trinke Wasser aus Glasflaschen.

Gehe grundsätzlich gut mit deinem Körper um und achte darauf, dass du ihm Gutes tust: Er schützt schließlich dein Inneres, dein Selbst und hat es somit verdient, dass du freundlich und rücksichtsvoll mit ihm umgehst. Übrigens: Nicht nur unser Innerstes schwingt, auch all' unsere Körperzellen schwingen, sind dynamisch und reagieren auf unser Empfinden und unsere Gefühle. Möglicherweise hast du schon einmal gehört, dass Pflanzen auf Freundlichkeit und Töne reagieren und es ihnen durch eine gezielte Ansprache besser geht. Bei uns Menschen ist es tatsächlich ähnlich: Agiere positiv mit deinem Körper und formuliere gezielte, nette, liebe Worte, um ihm Energie zu schenken und die Zellen positiv schwingen zu lassen. Dein Körper wird es dir danken.

3. DER INNERE AUFSTIEG

In diesem Kapitel geht es mir vor allem darum, dass du merkst, dass du mehr bist als nur deine Gedanken. Du bist nicht das, was du denkst, sondern das, was du dir erlaubst zu denken. Wenn du diese Erkenntnis verstanden hast, fällt es dir wesentlich leichter, deine Gedanken zu beherrschen und zu kontrollieren.

3.1 Beherrsche deine Gedanken

Wer ist eigentlich derjenige, der die Gedanken beherrschen möchte? Kontrollieren sich die Gedanken selbst? Wäre das nicht ein wenig unpraktisch, denn würdest du dich dadurch nicht nur im Kreis drehen?

Wenn du aus deinem Selbst, aus deinem Inneren heraus deine Gedanken beherrschst, hat alles eine ganz andere Wirkung auf dich. Probieren wir diese Gedankenbeherrschung einmal als Übung aus:

Du möchtest die wirkliche Stille wahrnehmen. Gedankenlosigkeit. Leere. Und tiefe innere Ruhe spüren. Das ist das Ziel. Um das zu erreichen, suche dir einen ruhigen Ort und entferne alles um dich herum, was stören könnte.

Nimm jetzt die Gedanken wahr, die kommen und gehen, ganz bewusst. Du öffnest deine Tür für Gedanken und lässt andere Gedanken dadurch wieder hinaus. Dadurch bemerkst du bereits jetzt, dass du derjenige bist, der den Schlüssel hat und entscheiden kann, welche Gedanken er hinein - und hinauslässt – du hast somit die Kontrolle und erkennst, dass du nicht deine Gedanken bist, sondern sie von außen auf dich hineinprasseln, anklopfen und hinein wollen.

Halte als nächstes einen einzigen Gedanken fest. Und nun schiebst du diesen Gedanken weg, löse dich von ihm, lass diesen Gedanken wieder hinaus. So erzeugst du ganz bewusst eine Gedankenleere und die tiefe innere Stille und kontrollierst deine Gedanken. Mache diese Übung am besten täglich, um immer wieder zu merken, dass du die Oberhand über deine Gedanken hast.

Diese Übung ist für den inneren Aufstieg essentiell: Lasse dich nicht von deinen Gedanken leiten, sondern ausschließlich aus deinem inneren, wertvollen Selbst. Wenn du diese Gedankenleere beherrschst, bist du offen und erreichbar für tiefergreifende Übungen wie die plastische Vorstellung oder Bewusstseinserhöhung. Dazu findest du in meinem ersten Buch bereits einige Übungen und auch in meinem Coaching gehe ich intensiver auf die Bewusstseinserhöhung ein.

3.2 Betrachte deinen Charakter

Neben der Beherrschung der Gedanken ist auch die Selbst-Erkenntnis ein wichtiger Aspekt in der Humanen Wertsteigerung und beim inneren Aufstieg. Analysiere und reflektiere immer wieder dein Verhalten und deinen Charakter. Betrachte immer wieder deine Fähigkeiten und Talente, um sie aus deinem inneren Selbst wirken zu lassen.

„*Wir können nur aufsteigen, wenn wir unseren Charakter veredeln und an uns arbeiten.*"

Benjamin Ziegler

Wenn wir unseren Charakter verändern, bedeutet das automatisch auch eine Änderung unseres Weges: Wir werden anders reisen, Menschen anders begegnen, Situationen anders einschätzen und unser Verhalten besser anpassen.

Nimm dir ein wenig Zeit und notiere deine positiven als auch negativen Charaktereigenschaften. Was macht dich aus, wer bist du? Reflektiere außerdem, wie du dich in bestimmten Situationen in der Vergangenheit verhalten hast.

Welche negativen Charakter- oder Verhaltensweisen beeinflussen dich am meisten bzw. belasten dich am meisten? Diese versuchst du nun durch Auto-Transformation im Alltag abzulegen, dich von ihnen zu lösen und sie durch positive Eigenschaften zu ersetzen.

Diese Transformation kann bereits am Morgen unter der Dusche beginnen: Dusche die negativen Charakter- oder Verhaltenszüge einfach ab. Gehe aus deiner Wohnungstür und lasse die negativen Eigenschaften einfach zurück: Willensstärke und Autosuggestion sind hierbei die Stichworte.

Gedankenbeherrschung und die zügige Charakterbereinigung sind zwei elementare Attribute der inneren Wertsteigerung und gehen einher mit der Selbsterkenntnis. Sie dienen als Basis für die Erkenntnis, das du Schwächen und Fehler hast, die du transformieren kannst und musst, um den inneren Aufstieg zu erreichen. Deine Schwächen und Fehler sind quasi Stolpersteine auf deinem Weg zum inneren Aufstieg: Wenn du sie aus dem Weg räumst, fällt dir vieles leichter und neue Wege öffnen sich für dich. Diese Aspekte als Fundament der inneren Wertsteigerung sorgen außerdem dafür, dass du alte Speicherungen aus deiner Seele loslassen kannst.

Dadurch, dass du gelernt hast, in dir selbst zu ruhen, kannst du auch deinen Charakter besser unter Kontrolle halten. Bei Auseinandersetzungen oder Differenzen kannst du gelassener, ruhiger aus deinem inneren Selbst heraus reagieren, da du dich nicht auf deine Gedanken verlässt. Besonders für Manager und Führungskräfte ist diese Gelassenheit ein wichtiger Aspekt, wenn sie mit Mitarbeitern sprechen.

Manche bleiben auf diesem Weg jedoch stehen, weil ein Stein bspw. zu mächtig wirkt, um ihn zu beseitigen: Das liegt häufig daran, dass der Mensch grundsätzlich nach außen orientiert ist und die Charakterverteilung dadurch nicht stimmt. Ihr Charakter ist noch zu sehr geprägt durch negative Einflüsse. Sie sind hektisch im Alltag, kommen nicht zur Ruhe und finden dementsprechend auch nicht zu ihrem inneren Selbst. Sie haben keine Zeit für Selbst-Erkenntnis und reflektieren sich nicht.

Sie beschäftigen sich zu sehr mit dem Außen anstatt mit ihrem eigenen Inneren und ihrer Seins-Qualität. Dadurch blockieren sie sich selbst. Deshalb: Finde immer wieder zu dir und deinem inneren Wert zurück, um die Welt um dich herum gelassen und klarer zu sehen. Beherrsche deine Gedanken und löse dich von negativen Eigenschaften und Verhaltensweisen, um den inneren Aufstieg zu erlangen.

Das Leben neu und wertvoll gestalten – darum geht es. Gerade im Alltag fällt es dir vielleicht auch schwer, Ruhe zu bewahren und tust dich schwer damit, da du schließlich Ansprüchen gerecht werden und Erwartungen erfüllen musst. Und doch ist diese Selbst-Analyse der beste Schritt, um inneren Erfolg zu erzielen. Baue dein Leben in kleinen Schritten, stufenweise auf, höre deinem inneren Selbst bewusst zu und lasse die Schwingungen zu, die dich führen wollen. Sie möchten nur Gutes – und das hast du dir verdient.

3.3 Menschen positiv begegnen und Leid abwenden

Leid entsteht einerseits durch äußere Einflüsse wie das allgemeine Weltgeschehen, negative Schwingungen und Bindungen in Beziehungen oder durch Enttäuschungen oder Verluste. Aber auch Charakterzüge können zu Leid – bei dir selbst als auch bei anderen – führen. Wenn der Charakter unschöne Seiten hat, ist Leid nicht weit entfernt. Durch die richtige, ideale

Charakterverteilung (negativ → positiv) beugen wir dem Leid präventiv vor und durch unsere Selbsterkenntnis und Eigenanalyse agieren wir stets so, dass wir Leid abwenden.

Frage dich, bevor zu das nächste Mal reagierst, erst mal: Wie würde ein herzliches, freundliches, reines Wesen jetzt auf diese Situation reagieren? Vielleicht bist du selbst auch schon so weit in deiner inneren Wertsteigerung, dass du bereits weißt, wer du wahrlich bist, was dein inneres Selbst ausmacht und dass du in dir ruhst. Hast du schon erkannt, wer durch deine Augen in die Welt schaut? Vielleicht merkst du dann, dass dein Gegenüber eigentlich du selbst bist – und wie würdest du in einer schwierigen Situation mit dir selbst umgehen? Würdest du dir selbst Leid zufügen?

Das Selbst, welches bereits Leid erfahren hat, möchte dieses Leid von anderen abwenden und Streitigkeiten oder Auseinandersetzungen mit Liebe, Herzlichkeit, Herzenswärme und Demut begegnen. Solange du in dir ruhst und dein inneres, wertvolles Selbst erkennst und reflektierst, desto mehr hast du die Fähigkeit, anderen kein Leid zuzufügen. Je mehr Leid um dich herum passiert, desto mehr solltest du in dich hineingehen und dich transformieren. So milderst du das Leid ab.

Beherrsche auch hierbei wieder deine Gedanken, denn sie versuchen, dich zu lenken – dabei bist du doch eigentlich derjenige, der sie lenken kann, wie du in der oben beschriebenen Übung bereits gemerkt hast. Nutze diese Erkenntnis auch, um Leid abzuwenden, von dir und anderen.

3.4 Werde lichtreich und schwinge

Positive Schwingungen zu erreichen ist in der Wertsteigerung unser Ziel. Nur, wenn wir innerlich einheitlich und rhythmisch schwingen, sind wir ausgeglichen und agieren in stetiger Harmonie. Es gibt mehrere Möglichkeiten, wie Du deine positiven Schwingungen erhöhen kannst:

- tägliche Fokussierung auf das eigene Selbst
- Meditation nach innen
- Gedankenbeherrschung
- in sich selbst ruhen
- positive Gedanken zulassen
- Bewegung und Sport an der frischen Luft
- Wasserfälle
- Quellen

Mit diesen Methoden schwingst du bereits automatisch höher, wenn du dich auf dich selbst und deinen inneren Aufstieg konzentrierst. Die Reinheit, die du dadurch erlangst, in dem du dich mit dir selber beschäftigst, veredelt und optimiert dich von innen heraus und lassen dich lichtreicher werden. Let your light shine – ist das heimliche Motto der Wertsteigerung und dieses Licht schlummert tatsächlich in jedem von uns. Du musst es nur zum Leben erwecken.

„Wichtig ist, dass du deine inneren und äußeren Fähigkeiten nutzt. Nur dann kommst du wirklich weiter."

Benjamin Ziegler

Jeder Gedanke, den wir haben, hat eine bestimmte Frequenz. Mal schlägt der Gedanke ins Negative aus, mal schlägt er ins Positive aus. In der Wertsteigerung möchten wir erreichen, dass wir nur noch positiv schwingen, dass unsere Frequenz im positiven Bereich bleibt. Dadurch ziehen wir auch automatisch positive Gedanken an und sperren negative Gedanken förmlich aus. Durch die Positivität erreichst du dementsprechend auch mehr Strahlkraft, die du scheinen lassen kannst.

3.5 Baue Stabilität und Harmonie auf

Eine innere Stabilität baust du vor allem durch Vokalübungen auf, die ich im ersten Buch bereits kurz angesprochen hatte. Für diese Übung atmest du tief ein, spürst, wie die frische Luft dein Körperinneres erreicht und atmest schließlich aus, während sich die

Vokale in deinem Mund, in deiner Stimme bilden:

- **A**
- **E**
- **I**
- **O**
- **U**

Beginne immer erst mit dem A und lasse dann die anderen Vokale folgen. Atme ein – und während du sie sprichst wieder aus. Dabei gehst du deine inneren Chakren alle einzeln durch. Das I ist zum Beispiel das obere Chakra – fühle in dich hinein, welche Vokale mit den anderen Chakren belegt sind.

Stabilität baust du außerdem auf, indem du Ausdauer und Konzentration beweist und auf deine Ziele kontinuierlich hinarbeitest. Du stärkst außerdem deinen

Willen. Nutze dafür alle Möglichkeiten, die dir dein Alltag bietet:

Du hast Hunger oder Appetit auf etwas Leckeres? Halte ein wenig länger als sonst durch und gib' dem Hungergefühl nicht direkt nach.
Wenn du dir etwas vorgenommen hast, gibt es für dich nur eine Richtung – und zwar die in Richtung deines Zieles. Du bist derjenige, der sein Unterbewusstsein stets steuern kann und leider haben das viele Menschen inzwischen durch Fremdsteuerung verlernt. Dementsprechend agieren sie auch, lassen sich leicht von ihrem eigentlichen Weg abbringen und fokussieren sich nicht mehr auf das, was ihr eigener, persönlicher Wille wirklich möchte. Umso wichtiger ist es also, dass du innere Stabilität aufbaust, um möglichen externen Beeinflussungen standzuhalten und um deine Ziele zu verfolgen. So erreichst du die Har-

monie, die wir in der inneren Wertsteigerung erreichen wollen: Ausgeglichenheit, Balance, innere Stärke.

3.6 Programmiere dich energetisch neu

Oft ist es so, dass wir uns als Menschen erst einmal für neue Dinge und neue Situationen öffnen müssen. Schließlich ist der Mensch ein echtes Gewohnheitstier, mag Rituale und Routinen und es fällt ihm grundsätzlich erst mal schwer, sich neu anzupassen.

Damit du eine innerliche Wertsteigerung erfahren kannst, ist es jedoch essentiell, dass du offen für eine Neuprogrammierung deines Verhaltens und deiner Persönlichkeit bist. Diese energetische Neuprogrammierung ist ein Prozess und du brauchst Geduld, denn sie sollte möglichst langsam, aber fundiert, absolviert werden. Eile nicht, um deinen Charakter zu veredeln, sondern nimm' dir Zeit und habe Geduld.

Nicht nur dein Geist, sondern auch dein Körper muss sich der energetischen Neuprogrammierung anpassen. Wenn du nämlich energetisch höher schwingst und eine höhere innere, positive Frequenz aufweist, kann es passieren, dass sich deine Körperzellen ebenfalls anpassen müssen und plötzlich anders reagieren: Hast du schon einmal für eine längere Zeit auf Zucker oder Fleisch verzichtet? Hier ist der Effekt besonders stark: Der Körper stellt sich nach einer gewissen Zeit um, sprich: Der Körper reagiert auch in biologischer Hinsicht auf die Veränderung. Dasselbe gilt auch für Gewohnheitsenergien.

Deshalb ist es wirklich wichtig, dass du deinem Körper Zeit gibst, sich an dein neues inneres Strahlen und die positiven Schwingungen zu gewöhnen und sich darauf einzustellen. Langsame Schwingungen bringen die Körperzellen bereits in Wallung – sie denken quasi, genauso wie du, um. Eine zügige Wertsteigerung würde die Körperzellen nur überfordern. Dabei besteht die Gefahr, dass sich die Schwingungen wiederum ins Negative wandeln, negative Gedanken und Frust aufkommt, da keine positiven Schwingungen mehr zugelassen werden können. Du blockierst dich im Grunde dadurch nur selbst und dieses Risiko wollen wir vehement vermeiden.

Gehe den Berg der Wertsteigerung und des inneren Erfolges somit langsam hinauf anstatt zu rennen. Denke immer daran: Wir bringen nicht nur unseren inneren Geist zum schwingen, auch der Körper und das Weltliche wird dadurch beeinflusst. Siehe dein Selbst somit immer als Ganzes: Ohne den Körper kannst du bestimmte weltliche Dinge nicht ausführen. Du brauchst ihn also zum Leben – wie du ihn energetisch programmiert, ist jedoch dein innerer Wille. Du steuerst ihn und das was er tut – sei dir dessen also stets bewusst und agiere danach. Wenn du innerlich aufsteigen willst, nimm' deinen Körper mit und lasse zu, dass auch er aufsteigen kann. Er hat es verdient!

3.7 Spare (Tages-) Energie

Die innere Energie richtig einzuschätzen ist schwierig. Oft funktionieren wir als Menschen nur, hetzen von einem Tag in den nächsten Tag, sind wie Maschinen und lassen uns fremdsteuern. Der Beruf erzeugt Stress und Hektik, als Mutter trägst du viel Verantwortung für dein Kind und als Führungskraft bist du rund um die Uhr damit beschäftigt, das Unternehmen am Laufen zu halten! Kaum einer von diesen Personen denkt an seinen eigenen Energiehaushalt – bis zum Burn-

Out, bis zur Erschöpfung, bis zur Depression.

Woran das liegt? Wir sind darauf gepolt, Leistung zu erbringen und zwar im meisten Fall für andere Menschen, deren Erwartungen wir erfüllen müssen. Kaum einer traut sich daher zu sagen, dass er vielleicht lieber einen Spaziergang in der Natur machen möchte anstatt durch die laute Stadt zu gehen und zu shoppen. Kaum einer sagt, dass er ausreichend soziale Kontakte für den Moment hatte und jetzt nachhause möchte anstatt noch mit in die Bar zu gehen.

Dabei ist es für den inneren als auch äußeren Aufstieg enorm wichtig, seine Tagesenergie richtig einzuschätzen und auf sie zu achten. Wenn du deine Tagesenergie aufbrauchst und sie zwischendurch nicht wieder auflädst, hat keiner etwas davon: Du wirkst automatisch gestresst, bist leicht reizbar und wirst vielleicht unfair. Außerdem besteht die Chance, dass du negative Gedanken produzierst, die wir in der inneren Wertsteigerung vermeiden möchten. Es kann nur der wirklich geben, der auch etwas anzubieten hat – sind deine Energiespeicher leer, kannst du somit nichts mehr wertvolles geben und dein Strahlen erlischt für den Moment.

Um die Tagesenergie auf einem guten Niveau zu halten und zu stärken, mache folgendes:

- nächtlicher Schlaf
- energiereiche Ernährung
- Spaziergänge in der Natur
- Hobbys
- richtige Freunde
- Ziele

Verstehe außerdem, dass du nicht alles alleine machen musst: Frage Kollegen, Freunde oder Bekannte, ob sie dir helfen und teile die Arbeit auf. Schließlich möchtest du doch auch für deine Freunde da sein, wenn sie deine Hilfe benötigen, oder?

Achte also immer darauf, dass deine Tagesenergie dir ausreichend zur Verfügung steht. Nur dann ist es möglich, innerlich zu schwingen und auch äußerlich aufzusteigen.

Iss' viele Vitamine und Mineralien, nutze morgens die Kraftdusche und mache die oben erwähnten Atemübungen für die innere Stabilität. Konzentriere dich auf die Dinge, die dir wirklich Spaß und Freude bringen. Diese Methoden bilden die Vorstufe, um in den Alpha Zustand zu gelangen. Hierbei regeneriert sich nicht nur dein inneres Selbst, sondern auch dein Gehirn und deine Kräfte und du gelangst zu einer inneren Harmonisierung, die dich strahlen lässt.

3.8 Baue weitsichtiges Verständnis auf

Innere Weitsicht entsteht vor allem durch Liebe, Empathie und Geduld. Wir müssen uns zum Beispiel als Ganzes betrachten: Du bestehst schließlich nicht nur aus Einzelteilen, die nichts miteinander zu tun haben. Im Gegenteil: Nur, wenn dein inneres Selbst, dein Geist und dein Körper im Einklang sind und innerlich sowie äußerlich harmonisch schwingen, bist du der, der du wirklich sein willst. Auch die Welt betrachten wir in der inneren Wertsteigerung als Ganzes, denn auch sie ist ein Zusammenschluss unterschiedlicher Aspekte, die sich alle untereinander bedingen und abhängig voneinander sind. Ohne Wasser gäbe es keine

Pflanzen, kein Leben. Ohne die Atmosphäre gebe es keinen Sauerstoff...

„Die innere Weitsicht ist wichtig für jeden von uns. Aber auch für eine bessere Welt. Für ein besseres Arbeitsklima. Für einen besseren Chef der seine Mitarbeiter auch einmal lobt."

Benjamin Ziegler

Nur durch unsere inneren Qualitäten kann sich das Ganze in uns und um uns herum verbessern und veredeln. Genau das ist es, was die innere Weitsicht ausmacht und genau darum geht es auch, wenn wir Verständnis für unsere Mitmenschen aufbauen: Wir sehen sie als Ganzes innerhalb ihres Lebens, ihres Seins. Wenn wir die Welt und unsere Mitmenschen somit mit innerer Weitsicht und dementsprechend auch

Nachsicht begegnen und erkennen, dass alles irgendwann ein Ende nimmt, werden wir geduldiger und reagieren grundsätzlich entspannter und mit unserer innen Ruhe auf bestimmte Situationen. Dadurch wächst automatisch auch unser Mitgefühl, unsere Empathie – und das ist es, was die Welt wirklich benötigt.

Zweiter Teil

Innere Werte, Herzlichkeit und gute Taten als neue Statussymbole

1. Der innere Status

1.1 Eine philosophische Denkaufgabe

1.2 Die Zukunft im Blick

1.3 Lösungsansätze für eine positive Welt

2. Ausblick in eine positive Welt

2.1 Gedankenreise

2.2 Das SEIN leben

2.3 Ruhe, Behaglichkeit und Energien

2.4 Innerer Reichtum

1. Der innere Status

In unserer heutigen Zeit haben materielle Statussymbole einen sehr hohen Wert: Sie signalisieren unserem Umfeld, dass es uns gut geht, dass wir Geld haben und dass wir gesellschaftlich angesehen sind. Statussymbole sind für unser Wohlbefinden und unsere Wirkung nach außen also essentiell. Doch müssen Statussymbole in der heutigen Zeit noch aus materiellen Dingen bestehen? Inzwischen geht es schließlich nicht mehr um das nackte Überleben, sondern doch eigentlich viel mehr um die inneren Werte.

„Die materiellen Statussymbole haben ihre Wirkung, ihren Sinn und als auch ihre Daseinsberechtigung. Trotzdem können nur innere Werte als neue Statussymbole unser Denken, unser Miteinander und unsere Welt ins Positive verändern."

Benjamin Ziegler

Wir Menschen sind hilfsbereit, wir achten nicht nur auf uns, sondern schauen auch links und rechts, wer Unterstützung benötigt und bieten diese meist gerne an. Als Menschen besitzen wir im Gegensatz zu Tieren Menschlichkeit und Empathie. Denke mal daran: Was fühlt sich für unser inneres Selbst besser an? Ein schöner, teuer Anzug – oder eine warme, herzliche Umarmung?

Die Welt ist stetig im Wandel und glücklicherweise orientieren wir uns immer nach nach innen und fragen uns: Was tut uns wirklich gut? Was brauche ich, um glücklich zu sein, um innerlich erfolgreich zu sein? Immer mehr Menschen verstehen, dass das Äußere, das Materielle vergänglich und immer leichter zu erwerben ist. Was doch eigentlich wirklich zählt, ist die innere Qualität unseres Selbst und das, wie wir diese Qualität wirken lassen. Denn nur, wenn wir uns positiv verändern, kann sich auch die Welt positiv verändern.

1.1 Eine philosophische Denkaufgabe

Einen hohen Status erlangen wir durch einen guten, herzlichen Charakter und nicht durch materielle Statussymbole. Würden wir die inneren Werte, das, was uns im Inneren ausmacht, als Statussymbole erkennen und weniger Wert auf die materiellen Dinge legen, wäre die Welt automatisch ein respektvoller, lichtreicher und positiv schwingender Ort. Das würde jedem Menschen, der hier lebt, zugute kommen.

Möglicherweise ließe sich dann auch ein neues Bezahlsystem entwickeln: Verdienst und Lohn durch gute Taten anstatt durch die reine Arbeit. In diesem System hätte jeder dieselben Chancen und könnte sich durch gute Taten ein Vermögen aufbauen – ganz unabhängig vom Bildungsgrad, von der Herkunft und von den religiösen oder politischen Ansichten. Jeder erhält dieselben Chancen, sich bspw. ein Fahrrad zu leisten. Der Hunger auf der Welt würde Vergangenheit sein, denn jeder könnte sich durch gute Taten sein Brot selbst verdienen. Politiker dürften nur regieren, wenn sie eine gewisse Punktzahl an guten Taten erreicht haben.

Jeder Mensch würde genau das tun, was er am liebsten tun möchte: Jemand, der Busfahrer sein möchte, kann Busfahrer werden; jemand, der Landwirt werden möchte, kann Landwirt werden, denn sie üben ihren Beruf nicht mehr des Geldes wegen aus – verdienen tut er seinen Lohn schließlich durch gute Taten. Diese guten Taten können immer und überall passieren: Sei es während der „Arbeit", während der Freizeit oder einfach beim Spaziergang. Jeder Mensch würde die Chance bekommen, seinen inneren Wert zu steigern, seinen Charakter zu veredeln und genau das zu bekommen, was er persönlich verdient hat.

Wie wäre es zum Beispiel, wenn wir bereits unseren Kindern andere Werte, die in der Welt als wertvoll angesehen werden, mitgeben? Was wäre, wenn es ein Schulfach für innere Werte gäbe?

Stelle dir mal eine Schule vor, in der innere Werte gelehrt werden. Es gäbe ein Schulfach für Herzlichkeit, für ein gerechtes und rücksichtsvolles Miteinander, ein Schulfach für Unterstützung unserer Mitmenschen. Fallen dir noch andere Schulfächer ein, die wichtig wären, um innere Werte als Statussymbole zu etablieren?

Auch das Notensystem sollte in diesem Zusammenhang überdacht werden: Eine Schule, in der innere Werte gelehrt werden, dürfte keine Noten mehr haben: Es müsste ebenfalls, wie in der Gesellschaft auch, auf gute Verhaltensweisen und Gesten Wert gelegt werden, durch die die Schüler dann Punkte bekommen. Je mehr Punkte sie bekommen, desto erfolgreicher sind sie auch in der Schule – gleichzeitig wird hierdurch auch die Missgunst und der hohe Leistungsdruck abgeschafft: Die Schüler untereinander wären wesentlich freundlich zueinander. Es wäre also somit völlig egal, wer das teuerste Smartphone oder den coolsten Schulranzen oder die teuersten Markenklamotten hat.

1.2 Die Zukunft im Blick

Wir sollten in diesem Zusammenhang demnach nicht nur an unser berufliches Umfeld oder die Gegenwart denken, sondern auch an die ganze Gesellschaft und vor allem an die Generationen, die die nach uns kommen. Wenn wir also sagen: „Wir machen die Welt zu einem besseren Ort, wir verändern die Welt ins Positive!" - Dann sagen wir dies immer auch im Hinblick auf unsere Zukunft und die Zukunft der Welt.

Das Entscheidende ist dabei immer das Herz, die Wärme und der Charakter. Durch unsere negativen Charakterseiten beginnen wir nicht wirklich zu leben, sie blockieren uns in unserem Tun, in unserem Miteinander, in unseren Gefühlen und in der richtigen Gestaltung unserer Zukunft. Das Leben beginnt erst dann, wenn wir verstanden haben, dass es lebensbejahend, positiv und gebend sein muss. Alles, was auf Zerstörung, Sorge oder Angst basiert, bringt Negatives in die Welt und erschafft nichts Positives. Inneres positives Wachstum ist das, was die Welt und die nachfolgenden Generationen benötigen, um sich ins Positive verändern zu können.

1.3 Lösungsansätze für eine positive Welt

Vielleicht ist die Lösung ein neuer einheitlicher Verbund: Eine Gemeinschaft, in der wir alle in unserem positiven inneren Selbst leben können. Eine Gemeinschaft, die von Herzlichkeit, Demut, Gefühl und Rücksichtnahme geprägt ist und innere Werte mehr wert sind als äußere Statussymbole. Eine Gemeinschaft, in der unser Selbst mit allem verbunden ist.

Vielleicht ist das der zukünftige neue Ruf für ein einheitliches Miteinander: Jeder kann seine Individualität leben – und gleichzeitig leben wir gemeinsam miteinander und haben dieselben inneren Werte, die für eine Welt sorgen, in der Frieden herrscht. Die Welt muss zusammenkommen, zusammen wirken und jeder sollte mit seinem inneren Selbst ein Teil davon sein und diese Gemeinschaft, diesen Verbund stärken.

Sowie aus der Stille verschiedene Töne entstehen, ein Lied entsteht – und diese Töne dann doch immer mal wieder in die Stille zurückgehen, so sollte auch die globale Einheit einer herzlichen Welt aufgebaut sein: Authentisch, lieb, individuell und rücksichtsvoll. Im Alltag begegnen uns immer wieder so viele Enttäuschungen und Herausforderungen, denen wir uns stellen müssen. Manchesmal haben sie ihre Berechtigung, denn schließlich wachsen wir an ihnen und formen unser inneres Selbst dadurch. Doch es gibt auch

Differenzen, mit denen wir konfrontiert sind, da fragen wir uns: Wieso? Wieso ich? Warum kann mir nicht mal etwas Positives geschehen? Das Problem dabei: Häufig entstehen diese Problematiken dadurch, dass wir so sehr auf das Weltliche, auf das Äußere orientiert sind, dass wir unser inneres, starkes Selbst vergessen.

Solange es also den materiellen Status gibt, so lange wird auch versucht, den materiellen Status als Nonplusultra zu sehen und zu pushen. Bereits in den Schulen wird heutzutage vermittelt: Je teurer, je wertvoller, desto mehr Wert und Anerkennung bekommst du – Authentizität und Herzlichkeit geht dabei jedoch komplett unter und verschwindet im Hintergrund einer doch eigentlich menschlichen Gemeinschaft.

Wenn wir also beginnen, authenthisch zu leben und

wir das Innere mit dem Äußeren verbinden sowie die inneren Werte als Statussymbole ansehen, dann ist es möglich, unsere Welt ins Positive zu bringen. Der äußere Status sollte nur noch als „Spiel" angesehen werden, eine größere Bedeutung messen wir jedoch den inneren Werten als neue Statussymbole zu.

Wir als Menschen, du als Mensch, gestaltest unseren Planeten und kannst derjenige sein, der die Welt durch sein Sein, durch seine innere Qualität verändert. Wir sind eine große Familie, die an einem Strang ziehen sollte: In unserem Selbst leben, aus unserem Selbst heraus wirken – das ist es, worum es geht. Schließlich ist doch unser aller Anspruch, dass dieser Planet harmonisch wird, in Balance schwingt und wir positiv mit uns und der Welt umgehen, um endlich aufzusteigen.

Wenn du dich also zum Guten veränderst, veränderst du damit auch einen kleinen Teil der Welt. Und da du mit allem verbunden bist, veränderst du automatisch auch dein Umfeld, deine Umgebung und vielleicht auch das Denken deiner Mitmenschen: Der innere Status wirkt wie ein Multiplikator.

2. Ausblick in eine positive Welt

„Wir sind alle innerlich miteinander verbunden und doch individuelle Persönlichkeiten. Aber Eines wollen wir alle: glücklich und zufrieden leben. Gestalten wir unseren Planeten nach diesem Maß."

2.1 Gedankenreise

Stell' dir jetzt einmal eine neue Welt vor. Gehe mit mir auf eine kleine Gedankenreise und vergleiche sie am Ende mit der jetzigen Welt und deinem jetzigen Umfeld.

Stelle dir vor, es gebe keinen materiellen Status mehr. Es gebe keinen Besitz und kein Eigentum mehr. Stell' dir vor, wir wären alle eine große Familie. Stell' dir vor, wir leben nach Prinzipien, die lebensbejahend und lebensaufbauend sind.

Stell' dir vor, es gebe kein Neid mehr, weil es kein Besitz gibt und weil jeder alles haben kann, weil wir als Familie schließlich alles teilen. Stell' dir vor, es gibt keine Gier, weil genug für jeden in der Familie vorhanden ist. Stelle dir vor, dass jeder seinen Tag so gestalten kann, wie er möchte: Es gebe keine Arbeitszeiten, keine Termine, keine Verpflichtungen. Jeder respektiert den freien Willen des Anderen. Stelle dir, dass sich keiner mehr über den Anderen stellt, weil jeder die innere Demut liebt und lebt.

Stelle dir vor, dass die Tiere keine Angst mehr vor uns Menschen haben, nicht mehr weglaufen, sondern den Menschen herzlich begrüßen und sich freuen, ihn zu sehen.

Stelle dir vor, alle leben in Frieden miteinander.

Stell' dir vor, alle sind herzlich miteinander. Jeder teilt, was er hat, weil niemandem etwas gehört. Niemand kann etwas verlieren, weil es genug von allem gibt und ansonsten erhältst du es automatisch von anderen, weil alles für alle da ist.

Stelle dir vor, Beziehungen die eingegangen werden. leben und lieben aufgrund von gleicher Schwingung und Sympathie und nicht aus irgendwelchen anderen Gründen. Stell dir vor, jeder kann sich so kleiden, wie er möchte und tragen, was er möchte und wie es ihm bequem ist.

Stelle dir vor, alles ist frei und ungezwungen: Es gibt keine Tischmanieren oder berufliche Etikette.

Stell' dir vor, dein Status und dein Ansehen wird nach einer guten Tat und nach positiven Charakterzügen bemessen. Würde das alles nicht vieles ins Positive verändern?

Doch wie kommen wir dahin? Was kannst du tun, um diese Welt zur Realität werden zu lassen? Ruhe in dir selbst, ruhe in deinem inneren Selbst und lebe positiv mit Herz und Charakter. Sei die Veränderung, die diese Welt braucht, um harmonisch zu werden.

2.2 Das SEIN leben

Um diese Veränderungen zu bewirken, musst du dein Selbst in ein neues Leben transformieren. Du musst lernen, dein positiv Inneres zu fühlen, zu spüren und wirken zu lassen. Dein innerer Aufstieg und die positive Veränderung in deinem Leben geschieht nur dadurch, dass du dein Herz aktivierst und deinen Charakter veränderst.

Manche Dinge, Gewohnheiten oder Verhaltensweisen ändern sich automatisch, wenn du dein inneres Selbst veränderst – ganz unterbewusst. Rauchst du zum Beispiel oder trinkst du viel Alkohol? Häufig spürst du bereits nach kurzer Zeit, was dir und deiner Seins-Qualität wirklich gut tut und du legst solche Süchte automatisch ab. Wenn nicht, dann rauche wirklich bewusst: Spüre den Moment, wie der Rauch deine Lunge einnimmt und wie er beim Ausatmen wieder nach oben steigt. Oft genügt es nämlich, sich diesen Momenten wirklich bewusst zu werden, um eine Veränderung ins Positive zu erreichen.

Das Herz beschreibt das Mitgefühl und die Demut, die wir gegenüber unseren Mitmenschen und unserer Umwelt haben. Fühle also in dich und dein Herz hinein.

„Entweder du identifizierst dich nicht mit deinen Gedanken oder du lernst, sie zu beherrschen und sie als Werkzeuge für ein positives Leben zu nutzen."

Mache die Augen zu und frage dich, woher du eigentlich weißt, dass du einen Körper hast. Spüre nun ganz bewusst von innen heraus deinen Körper. Beginne dabei, dich zu berühren, fühle deinen Körper, fühle, wie deine Energie aus dem inneren heraus in deine Hände strahlt, in deine Füße, durch deinen ganzen Körper fließt. Versuche, Gedanken beiseite zu schieben und dich nur auf deinen Körper zu konzentrieren. Fühle die Schwingungen, die aufsteigende Harmonie, die Energie, die ihn jeden Tag antreibt.

2.3 Ruhe, Behaglichkeit und Energie

Die innere Ruhe ist es, was du wirklich brauchst. Nur alleine das innere Fühlen, dir dein Selbst und dein

Sein bewusst machen, bringt dir bereits mehr Behaglichkeit. Gerade für Mütter, Führungskräfte oder Manager ist diese innere Ruhe wichtig, um neue Energien zu tanken und sich immer wieder darauf zu besinnen, auf sich selbst zu achten und sich selbst zu erleben. Nutze das In-dir-ruhen als Anker, als Filter im Alltag, wenn der Stress mal wieder zu viel wird.

Probiere deine gelassenere Wirkung doch im nächsten Gespräch einfach mal aus: Fühle deine innere Energie und agiere aus deinem Selbst heraus. Du wirst schnell merken, dass du eine ganz andere Wirkung auf dein Umfeld, auf deine Mitmenschen hast. Dein Gegenüber wird deine neue Ausstrahlung erkennen und merken, dass du viel Ruhe und Gelassenheit ausstrahlst. Genau das ist der Punkt, an dem du dein inneres Selbst aktiviert hast – und du motivierst dadurch gleichzeitig andere, ebenso in sich ruhen zu wollen wie du es tust.

Vielleicht hast du dich vorher hinter viel Schminke oder einem teuren Anzug versteckt? Natürlich kannst und sollst du dich auch immer noch gut kleiden und auf dich und ein gepflegtes Äußeres achten, doch dein wahres Selbst kommt aus deinem inneren positiven Fühlen und deiner inneren Ruhe heraus. Durch diese Authentizität spüren die Menschen um dich herum, dass du kein Schauspieler bist und keine Rolle spielst, sondern deinen wahren Charakter zeigst, der keinen Wert auf materielle Statussymbole legt. Du beginnst dadurch außerdem, immer mehr zu wachsen: Wie ein Baum, der aufsteigt, der sich der Sonne und dem Strahlen entgegenstreckt und innerlich immer stabiler wird. Sobald du das erkannt hast, beginnst du, anders zu leben und dein inneres Sein wirken zu lassen.

2.4 Innerer Reichtum

Sich von den materiellen Dingen innerlich zu entfernen und sich von allem Weltlichen zu lösen, bedeutet nicht, dass wir den Fortschritt ablehnen. Inneres hängt mit dem Äußeren immer zusammen: wicihtig ist, dass eine Harmonie besteht. Aber: Wenn das Innere nicht stimmig ist, bringt dir auch das Weltliche nichts, um dich voranzubringen. Wenn du dich innerlich nicht wohlfühlst, heitern dich auch keine materiellen Dinge auf. Sie steigern dann nicht dein Wohlbefinden, sondern wahren nur einen Schein. Materielle Dinge sind kein Ausgleich für ein schlechtes Wohlbefinden.

Den inneren Reichtum und deine inneren Werte trägst du immer und überall bei dir. Deshalb ergibt es einfach wesentlich mehr Sinn, dass du an deinem

Selbst arbeitest, an deinem Charakter, anstatt nach der nächsten teuren Uhr Ausschau zu halten. Die Uhr ist vergänglich, irgendwann nicht mehr im Trend – deine Seins-Qualität bleibt dir und du kannst mit ihr viel mehr bewirken.

Kümmere dich also mehr um dich selbst, um dein Wachstum, als um das, was dich an materiellen Dingen umgibt. Lebe das Leben genau so vor, wie es für dich richtig ist und fühle innerlich immer wieder in dich hinein, um zu spüren, was du für dein Selbst brauchst, um deinen Wert zu steigern und diese inneren Werte wirken zu lassen.

Denke also immer daran:

Innerer Status und innere Wertsteigerung sind für jeden erreichbar. Nur durch äußeren Status entsteht ein Ungleichgewicht, weshalb es so wichtig ist, dass du dich nach innen orientierst, wenn du aufsteigen und erfolgreich werden möchtest. Es gibt auf der Welt so viele gute, herzensgute Menschen, die in der Welt jedoch nicht so viel Status haben. Trotzdem können auch sie durch innere Werte und innere Energie ihren Status erhöhen und ihren Wert steigern. Jeder, der dazu bereit ist, seinen inneren Status zu erhöhen, bringt positive Schwingungen in die Welt – und ist das nicht unser aller Anspruch, der Welt etwas Gutes zu tun?

„Du kannst durch dein Tun, durch dein Handeln sowie durch deine eigenen Kräfte deinen eigenen Wert positiv

beeinflussen."

Benjamin Ziegler

Du bist bedeutsam in der Welt und in der Ewigkeit. Dein Licht strahlt – immer und überall. Du musst nur zulassen, dass es nach außen strahlen kann und es stets fordern und fördern.

Sei wie du bist, lebe aus deinem Selbst heraus, finde deine Seins-Qualität und trage keine Maske, die deine wahre Qualität versteckt. Lebe – als freies, unabhängiges Wesen, das Licht und Energie und positive Schwingungen in die Welt bringt.

Lebe warm, herzlich, freundlich, auch wenn die Welt kalt erscheint. Gib' dir selbst Wärme, Herzenswärme und innere, positive Energie, in dem du scheinst.

Lebe in Harmonie und du wirst schnell spüren, wie gut dir diese Ausgeglichenheit und Balance in Einklang mit deinem Selbst tut.

Und vielleicht bist du es, der das Kalte in der Welt mit seiner Herzenswärme, mit seiner inneren Ausstrahlung erwärmt.

Veröffentlicht und im Onlinehandel als auch Einzelhandel zu finden ist:

„Ich mache dich wertvoller!
Die Prinzipien der Wertsteigerung.
ISBN: 9783756821655

Zeitnah sind außerdem weitere Bücher vom Autor Benjamin Ziegler geplant. Unter anderem mit den Themen:

- Wertsteigerung für Geschäftsleute und Führungskräfte

- Wertsteigerungs-Rhetorik

Kontakt zum Autor sowie weiterführende Informationen zum Buch bzw. zu den Büchern, zum Coaching als auch zu den Seminaren und Vorträgen findest du unter:

www.wertupyourlife.ch

Benjamin Ziegler

Coach, Philosoph und Autor für
Humane Wertsteigerung